ÉPITRE

AU

ROI DES FRANÇAIS,

Suivie de Notes historiques;

PAR

M. Bruléboeuf-LETOURNAN,

AUTEUR DE MARIGNI, OU L'ÉCOLE DES MINISTRES, TRAGÉDIE EN CINQ ACTES ET EN VERS,

PRIX : 75 CENT.

PARIS.

BOUSQUET, LIBRAIRE,
AU PALAIS-ROYAL.

1833

ÉPITRE

AU

ROI DES FRANÇAIS.

Puissant Roi des Français, dont la main secourable
Nous ravissant, deux fois (1), à l'abîme effroyable
Où roulaient emportés nos destins vagabonds,
De la liberté sainte a couronné nos fronts;
Toi, qu'opposa la France au vœu de l'anarchie;
Qui, t'immolant pour elle, as sauvé ta patrie,
Et, la justifiant, fais bénir les bienfaits
De ton règne d'amour, de sagesse et de paix;
PHILIPPE, il ne faut pas que je le dissimule,
A t'adresser ces vers j'ai presque du scrupule.
Que me sert qu'on t'admire, alors qu'à tes vertus
Je tremble d'apporter de pudiques tributs!
Que, s'en effarouchant, ton âme magnanime,
Plus haut assise encor que la publique estime,

Oublieuse du Pinde, aux poétiques airs,

Dans les cieux se dérobe à nos doctes concerts!...

Car enfin, on le dit, ta modestie étrange,

Tout en la commandant, repousse la louange,

Et Boileau reviendrait, que, lui-même, aux abois,

Ne pouvant t'agréer, demeurerait sans voix.

Mûri par la raison à l'école d'Horace,

Cet excellent auteur, qu'on révère au Parnasse,

En a connu, pourtant, les plus secrets détours,

Et la fine louange embellit ses discours.

Délicate ou sévère, enjouée ou sublime,

Qui mieux que lui, grand Roi, l'épancha légitime?

Il en est l'art vivant! un moins solide esprit

Eût dépassé le but que, sage, il se prescrit.

Au véridique éloge instruit par la satire,

Il ne dit rien jamais qu'assuré de bien dire;

Et tu vois, à présent, que, son flegme excité,

L'apôtre du bon goût et de la vérité

N'est point de ces rimeurs dont l'hémistiche fade

Appelle, tout d'abord, ta vive rebuffade;

Mais que, l'écrivit-il du fond de son cercueil,

Éclipsant, à lui seul, l'académique orgueil,
L'Institut, ce corps froid, que le mutisme arrange,
Il te ferait sourire à ta propre louange.

Il croit, sobre à l'épandre, habile à l'exprimer,
Dans l'intérêt des mœurs qu'il faut la faire aimer,
Et, de son charme utile, avec grâce il se pare.
De sel âcre prodigue, et d'éloges avare,
Du siècle, qu'il décrit, son immortel pinceau,
Se faisant avouer, du nôtre est le flambeau :
Il sera, de tous temps, la classique lumière !
On pâme de le voir, émule de Molière,
Baffouer des bigots l'hypocrite douceur,
De l'homme, en tous états, railler la folle humeur ;
D'héritiers affamés nous peindre la détresse
Dévorant, en un jour, un siècle de richesse ;
Hortense, à gros deniers, dans Alcipe, achetant
Un débonnaire époux, qu'elle adore en grondant (2) :
Mais, Louis ! qu'il est beau quand, d'une voix épique,
Embouchant, sur tes pas, la trompette héroïque,
Il mène aux bords du Rhin cent mille combattans (3),
Dompte avec eux ses flots sous tes regards brûlans,

Te plaint de ta grandeur qui t'attache au rivage (4),

Et soumet la Hollande à ton brillant courage !

C'est aussi que, par lui, veuve d'anciens travers,

La louange agréable est l'âme des beaux vers (5).

Il sait qu'au cœur de l'homme, active, elle rallume

Ces tiédeurs d'un esprit que le repos consume ;

Qu'elle va remuer, en des sens engourdis,

Un feu, que, de l'honneur, aiguillonne le prix ;

Et soudain, ô pouvoir d'un magnifique hommage !

Montausier lui sourit, devenu moins sauvage (6) ;

Le sublime vieillard, qui, jeune, a fait *Cinna*,

D'une main toujours ferme a tracé *Suréna* (7) ;

Poquelin et Racine, au faîte du génie,

Se surpassent encor dans *Tartufe*, *Athalie* ;

Lamoignon, dans Bâville, apprend que ses loisirs

De Thémis, à Paris, provoquent les soupirs (8) ;

Et lui-même, Louis, ton aïeul (9), et son maître,

Louis, qu'à la victoire il façonna, peut être,

Retenant, de Boileau, l'éloquente leçon,

A grandi sur le trône aux accords d'Apollon !

Ce Dieu, parfois, PHILIPPE, alors qu'il les inspire,

Fait plus que des mortels des princes de la lyre :

Ces esprits créateurs, pontifes, magistrats,

Fondant les nations, poliçant les États,

Ces preux, le sistre en main, leur livrant la victoire (10),

Ces échos, d'âge en âge élançant leur mémoire,

Ont soumis, à leurs chants, les peuples et les rois,

Et Sophocle, un poète, a dispensé des lois ! (11)

Laissons Moïse, Homère, et Tyrthée, et Pindare :

Supposons, de nos jours, un monarque bizarre,

Un despote insolent, un roi sombre et pervers...

Le temps n'est plus, pour eux, de mettre un peuple aux fers !

Pour entraver leur char dans sa course homicide,

Il suffit d'un mortel, patriote intrépide,

D'un Alcée (12), éclairant d'un salutaire effroi

L'incroyable délire ou l'impudeur d'un roi :

Heureux, le foudroyant dans son intérêt même,

S'il le réconcilie avec le diadême,

Et si, de ses sujets, le tyran pardonné,

Rassure, avec amour, ceux qui l'ont couronné !

* Différent de ces rois, dont la folle jeunesse

S'est écoulée oisive au sein de la mollesse,

Que, des plus saints devoirs, en l'été de leurs ans,

Il faut instruire encore, augustes fainéans,

Toi, de l'adversité, la fructueuse école

Te vaut mieux, que n'eût fait la plus docte parole;

Que ces vaines leçons que, pour un maître ingrat,

Pratique, avec courage, un ami de l'État;

Que ces vers enflammés, dithyrambes rapides,

Incitant aux hauts faits les rois les plus timides;

Et, sans avoir besoin de t'y voir excité,

Tu marches de toi-même à la postérité!

Ta gloire y passera : pure de tout mélange,

Elle embaume nos chants, et voilà ta louange!

Que, si, pour l'escorter, en efforts superflus

Je vais me consumant, c'est que Boileau n'est plus,

Qu'à ce puissant labeur, seul, il eût pu prétendre!

Hélas! un siècle et plus a passé sur sa cendre (13),

Et, du jour qu'il prit rang à l'immortalité,

On n'a point vu, chez nous, Boileau ressuscité...

Que dis-je? il m'apparaît! rayonnant de lumière,

PHILIPPE, il envahit mon humble sanctuaire!

Son luth harmonieux, de nos splendeurs épris,

Les reproduit, te nomme!... il chante, et moi j'écris :

« Jeté, royal enfant, sur les marches du trône,

« Sans avoir envié l'éclat qui l'environne,

« Innocent de sa chute, on t'en vit abattu :

« Mais, bientôt, pour la France, expliquant ta vertu,

« Ton bras lui rend hommage, et triomphe avec elle !

« A Jemmape, à Valmy, tu lui restes fidèle,

« Et, banni de son sein, sans espoir de retour,

« C'est encore elle, au loin, qu'emporte ton amour !

« Tu la revis, pourtant : larmes délicieuses !...

« Ah ! garde-les, plutôt, pour ces nuits glorieuses,

« Où, dans Paris en feu, sous la foudre en éclats,

« Philippe, un peuple armé se pressant sur tes pas,

« Te nommant à la fois son vengeur et son père,

« T'éleva pour monarque au pavois populaire.

« Le salut du royaume, un sceptre est dans tes mains !

« Ainsi le commandaient la France et les destins :

« Obéis !... non, résiste au décret de Dieu même,

« Préfère ton repos aux soins du rang suprème,

« Les tranquilles douceurs de ton riant séjour

« Aux agitations d'une orageuse cour ;

« Ta noble indépendance, une épouse chérie,

« Toi, tes enfans, ta sœur, aux vœux de la patrie !...

« Eh ! le peux-tu ? pour eux ton inquiet souci

« T'honore!... Mais la France est ta famille aussi !

« De Neuilly consterné quand tu vois ses alarmes,

« Laisse-la donc périr, vois sans pitié ses larmes !

« Déserte son malheur, gagne éperdu ses ports,

« Embarque, avec les tiens, tes fastueux trésors,

« Mets, entre elle et ta fuite, un coupable intervalle

« T'assourdissant le bruit de sa chute fatale......

« Afin que, cette fois, volontaire proscrit,

« De ton lâche abandon un infamant récit

« Eût fait porter, de toi, ce jugement terrible :

« Au destin de la France il apparut sensible ;

« Mais, quand tout l'appelait à sauver son pays,

« Il a sauvé son or, lui, sa femme et ses fils !

« Et quand tu l'aurais pu ! quand ta fuite, impossible,

« PHILIPPE, aurait pu vaincre un obstacle invincible !...

« Ta vie en sûreté, les tiens, libres de fers,

« Mais de leur infortune emplissant l'univers,

« A soulager leurs maux ta carrière bornée,

« Pour eux, ta main savante au travail retournée (14) ;

« Tes loisirs de tous temps, tes studieux labeurs

« Ornant ton champ d'exil, et l'émaillant de fleurs,

« T'auraient-ils consolé de l'horrible tourmente

« Que soufflait ton départ dans Lutèce expirante ?

« Du régime de sang, dont un tocsin fatal,

« Pour la deuxième fois, lui tintait le signal ?...

« Déjà levait la tête une tourbe anarchique

« Demandant le pillage avec la république ;

« Déjà suivaient, bercés d'un fanatique espoir,

« Vingt niais illustrés, rejetant tout pouvoir,

« Mais qui, sur les débris de l'univers en poudre,

« Ne dédaigneraient pas de ramasser la foudre,

« Ni d'en forger nne arme à leurs débiles mains

« Pour commander, une heure, au reste des humains !

« Exécrable folie, odieuse espérance,

« Qui, d'un crêpe funèbre enveloppant la France,

« Alléchaient, de son sang, les Séides nouveaux,

« D'avance, au nom des lois, dressant leurs échafauds :

« Épouvantable aspect, trop assuré présage

« Que tout allait périr dans un dernier naufrage !

« Tu ne l'as pas voulu : reconnaissant ta voix,

« L'anarchie en fureur, l'anarchie aux abois,

« N'osant te résister, en grondant se retire.

« Quoi ! c'est par moi qu'il règne, et par moi qu'il respire,

« Dit-elle : hier encor je pouvais l'immoler,

« Et c'est aujourd'hui lui qui m'apprend à trembler !

« Suis-je donc l'anarchie ?... A ses dolens échos,

« Des clubs, désenchantés, avortent les complots;

« Le vaisseau de l'état ne craint plus les orages :

« Ou, si la foudre encor menaçait ces rivages,

« Ceux dont la folle audace allumerait ses coups,

« Que, deux fois, ta clémence a mis à tes genoux,

« L'implorant, derechef, de ton cœur noble et tendre,

« Si tu n'étais leur Roi... n'y devraient plus prétendre !

« Du reste, n'attends pas que, de leurs vains discours,

« Ils cessent d'outrager la gloire de tes jours :

« Elle offusque des yeux qu'offense la lumière.

« Tu leur déplairais moins, tu saurais mieux leur plaire,

« Si, père de ton peuple, indigne de ce nom,

« Abjurant à la fois la Charte et la raison,

« Tu pouvais, en tyran, régir la libre France,

« Toi qui ne sais pas même opprimer l'insolence !

« Mieux encor, si, d'Anvers, sous ton sceptre aguerri,

« Au milieu des hivers le laurier n'eût fleuri ;

« Mieux encor, possédé du démon des batailles,

« Si, ramenant la France au champ des funérailles,

« Tu courais, autre fou, du monde la terreur,

« Te perdre, comme un jour se perdit l'Empereur.

« Il tomba plein de gloire !.. Il est plus doux encore

« De ranger à la paix un peuple qui l'implore.

« Acheve ! A l'aigre voix des partis confondus,

« Ainsi que Louis-Douze (15) oppose tes vertus ;

« Laisse à tes pieds mugir une ligue envieuse,

« Et ne ralentis pas ta marche courageuse !

« Exprès, pour t'en louer, je suis venu vers toi....

« Les Cotins de tribune en ont pâli d'effroi. »

Ainsi finit Boileau, par un trait de satire !
Philippe, il a parlé ; je n'ai plus rien à dire.

NOTES HISTORIQUES.

(1) En juillet 1830 et juin 1832.

(2) Satires IV, VIII, X, et XII.

(3) Épître IV, au roi, sur le passage du Rhin.

(4) Vers de Boileau, dans cette même épitre IV au roi.

(5) Vers de Boileau, épître IX, au marquis de Seignelay, *Éloge du vrai.*

(6) Épître VII, à Racine.

(7) Tragédie de l'extrême vieillesse de Corneille.

(8) Épître VI, à M. de Lamoignon, avocat-général.

(9) S. M. Louis-Philippe, descendu, en ligne directe, de *Monsieur,* frère unique de Louis XIV, remonte, à ce grand monarque, par mademoiselle de Blois, sa fille légitimée, qu'il maria au duc d'Orléans, son neveu, depuis régent du royaume.

(10) *Tyrthœusque mares animos ad martiâ bellâ*
versibus exacuit.

(HOR.)

(11) Il fut *Archonte,* ou premier magistrat souverain d'Athènes, sa patrie.

(12) Il a existé deux poëtes du nom d'*Alcée* : l'un contemporain et amant de Sapho de Mythilène, déclamait contre les tyrans; l'autre, selon Suidas, est l'inventeur de la tragédie.

(13) Nicolas *Boileau-Despréaux*, le législateur du Parnasse, est mort en 1711, peu d'années avant Louis XIV, qu'il ne flatta point bassement, comme quelques-uns affectent de le dire et l'écrivent, mais qu'il sut louer avec une exquise délicatesse, et toujours dans un but utile, ce qu'il faut bien se garder de confondre.

(14) On n'a pas oublié que, dans l'exil, réduit, pour vivre aux seules ressources de son éducation et de ses lumières personnelles, S. A. R. le duc d'Orléans, aujourd'hui S. M. Louis-Philippe, professa les mathématiques et le dessin, et exerça la chirurgie.

(15) Louis XII est, avec Henri IV, le meilleur de nos rois. Il n'était d'abord que duc d'Orléans, et avait épousé la princesse Jeanne de France, fille de Louis XI. Monté sur le trône, il pardonna indistinctement à tous ses ennemis, à commencer par La Trémouille, prince de Talmont, qui l'avait fait prisonnier à la bataille de St-Aubin, qu'il investit du commandement de son armée d'Italie. C'est à cette occasion qu'il prononça ces magnifiques paroles : *Un roi de France ne venge pas les querelles d'un duc d'Orléans !*

Le discours par lequel l'orateur des états-généraux lui décerna, en 1506, au nom de la nation, le glorieux et mérité surnom de *père du peuple*, ce discours fait connaître, dans le plus grand détail, les bienfaits que lui doit la France, et qu'elle avait déjà reçus de lui à cette époque : Ils sont, pour le temps, de nature à étonner; combien plus étonnans encore, ceux qu'elle tient aujourd'hui, après à peine trois années d'une commotion inouïe dans nos fastes, de la haute sagesse de S. M. Louis-Philippe, devenu, ainsi que Louis XII, de duc d'Orléans, roi des Français !

Le vainqueur des Vénitiens à Aignadel, quoique brave assurément, et ne redoutant point la guerre, aimait trop ses sujets pour ne pas épargner leur sang. On l'entendait s'écrier, après la bataille de Ravennes, dont le gain avait été chèrement acheté : « Je voudrais n'avoir plus un pouce de terre en Italie, et pouvoir, à ce prix, faire revivre mon neveu Gaston de Foix, et tous les braves qui ont péri avec lui. Dieu nous garde de remporter jamais de telles victoires! » Cette magnanimité, pour n'être pas à l'ordre de tous les princes, en vaut bien un autre.

Il voulait qu'on respectât les laboureurs, qu'on ne leur fît éprouver jamais de vexations. Son édit de 1499, éternellement recommandable, a rendu sa mémoire chère à tous ceux qui distribuent la justice, à tous ceux qui l'aiment. Il ordonna, par cet édit, qu'on suivît toujours la loi, *malgré les ordres contraires que l'importunité pourrait arracher au monarque.*

Qui le croirait, si de nos jours, un fait en tout semblable n'attristait nos regards? qui le croirait?... Un si excellent prince trouva des détracteurs parmi ses sujets; et le plus grand éloge qu'on puisse faire de Louis XII, (comme il est fait déjà de S. M. Louis-Philippe, il faut bien le dire,) c'est que les stupides ennemis de la grande âme et des vertus *du bon roi, du loyal père du peuple,* purent faire éclater hautement, comme avec impunité, l'intolérable mauvaise humeur qu'elles leur donnaient.

Quelques plats écrits, lui, régnant, parurent ouvertement contre lui; on le joua même en plein théâtre. On l'exhortait de tous côtés à punir ces libellistes infâmes, ces comédiens insolens; il le pouvait, il le devait peut-être : « Non, dit-il, ils peuvent nous apprendre des vérités utiles ; laissons les uns comme les autres se divertir, pourvu qu'ils respectent Dieu et l'honneur des dames. »

FIN.